Katharina Dobrick

**Lächelnde Worte
schweben von Herz zu Herz**

Gedichte

Katharina Dobrick

wurde 1947 in Twistringen (Nähe Bremen)
geboren und lebt heute in Rudersberg/Stuttgart.

Mit ihren zuversichtlichen liebevollen Texten
möchte sie ihre Mitmenschen ermutigen, nie
die Hoffnung aufzugeben. Es wäre schön, wenn
es ihr gelingt, Sie, liebe/r LeserIn mit positiven
Gedanken zu erfreuen. Wenn Ihre Welt dadurch
etwas freundlicher wird, ist das für die Autorin ein
großes Geschenk.

Weitere Informationen im Internet:
http://www.katharinas-buchstaben-welten.de

Bibliografische Information durch
die Deutsche Nationalbibliothek:
Die Deutsche Nationalbibliothek
verzeichnet diese Publikation in der
Deutschen Nationalbibliothek;
Detaillierte bibliografische Daten sind im
Internet über http://dnb.d-nb.de abrufbar.

Impressum:

1.Neuauflage 2010

Konzept, Buch-Design, Print-Layout:
Christa Klebor, ck-kreativwerkstatt

Herstellung und Verlag:
Books on Demand GmbH, Norderstedt

ISBN: 978-3-8391-1890-0

Mein Lächeln

es

ist wie

eine gute Fee

wichtig für viele Menschen

mein Lächeln

AUGEN-**BLICKE** DES GLÜCKS

Es

sind die

Tautropfen

der Liebe

im Gleichklang unserer Seelen

Glücksmomente

Angekommen

Nun

bin ich

in der Lyrik

angekommen und empfinde große

Freude

Glück

In meinem Herzen

klingt

eine Melodie

meine Sinne lauschen

spüren, empfinden

Liebe, Freude, Harmonie

Seelen berühren sich im

Glück

Der Augenblick

Im Wimpernschlag
der Zeit
verschmilzt ein Hauch
von Ewigkeit

Meine Gefühle spiegeln sich im
Irisblau Deiner liebevollen Augen

Liebe, Freude, Hoffnung, Glück
funkeln sternengleich im
Augenblick

Hoffnung

Gib niemals Deine Hoffnung auf
sie ist der Trost im Lebenslauf.
Sie stärkt auch Deine Willenskraft
damit Du neue Wege schaffst.

Du kannst den Menschen Frieden geben
das ist der schönste Dank im Leben.
Dann hat Dein Leben einen Sinn
denn Du bist eine **Hoffnungsträgerin**

Leben

Liebenswerte
Erfahrungen
bringen uns
einander
näher

STILLE

Sie
ist der
Balsam für mich
die verwundete Seele tröstet
Stille

Träume

Sie

sind keine

Schäume

sondern wertvolle

Seelenhelfer eines reichen Lebens

unsere Träume

Dankbarkeit

Ein

großes Gefühl

durchflutet meine Seele

es glättet die Wogen und

die Unebenheiten im Leben

Spuren meines Lebens

Im

verwunschenen Garten

meiner eigenen Gefühle

liegen versteckt

neu entdeckt

Lebensspuren

Lebenssinn

Hilfe

die du selbst

kannst geben

gibt dir

Kraft und Sinn

im eigenen Leben

Ein glücklicher Tag

Wenn ich des Morgens froh erwach

lachend meinen Tag beginn

einem Menschen Freude bringen darf

das ist für mich ein glücklicher Tag

Meine Seele

Meine Seele
die hat Flügel
schwebt damit
von Herz zu Herz

Schwingt sich
über alle Grenzen
wendet sich
den Menschen zu

Bringt viel Freude
in die Herzen
zündet dort
ein Lichtlein an

Frieden, Wärme und
viel Glück
kommen dann
sogleich zurück.

Nächstenliebe

Aus

dem Ursprung

der eigenen Lebensfreude

verbindet sie Menschen

miteinander

in Liebe

Lebensfreude

Positiv durch`s Leben gehen

und die schönen Dinge sehen

Die Liebe ist dabei der Begleiter

sie macht auch unser Leben heiter

Die Freude, die wir geben voller Glück

kommt in`s eigene Herz zurück

Liebe

Licht leuchtet

im

Erkennen

bemerkenswerte

Erfahrungen

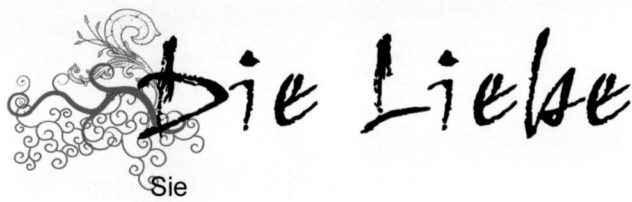

Die Liebe

Sie

ist der

Klebstoff in den

Beziehungen zwischen

den Menschen

Die Liebe ist mein Zauberwort
sie wird gelebt, egal an welchem Ort

es gibt sie auch in allen Sprachen
und, wenn sie sich verbindet mit dem Lachen

ist es das wunderbarste Erdgespann
kommt selbst im letzten Winkel an

sie fliegt hinaus in diese Welt

um uns Menschen ist es wunderbar

bestellt

es herrscht zu meiner großen Freude

Frieden

den gibt es bereits schon heute.

Meine

gelebte

Nächstenliebe

Nachbarn/in

aufmerksam zuhören

ermuntern und die

creativen Ideen

hervorholen, unterstützen, damit

sie/er eigene

Talente

erkennt und

nach

Lösungen suchen

innere

Einkehr halten, um

bereits Veränderungen

erleben zu dürfen

DER LICHTBLICK

DER LICHTBLICK LICK

Ein

zarter Hauch

voller Vertrauen schauen

schwebende wissende Blicke ins

Licht

Harmonie

Heitere

ausgewogene

ruhige

Momente

offenbaren

naheliegende

innere

Einsichten

Der innere Frieden

Sich selber verzeihen,
ist oft schwer.

Nur so findest Du
Deine Ruhe.

Respekt

Reise in die Welt der

eigenen Erkenntnisse wagen, die

Stille genießen, um neue

Pfade zu entdecken, sie zu gehen,

erleben zu dürfen, um mit gewonnener

Kraft neue Menschen kennenzulernen, zu

treffen und den friedlichen Austausch voranzutragen.

Bewegte Worte

Meine Gedanken

in Worte gefasst

finden den Weg

auf der Sternenstrasse

von schönen Melodien umgeben

in das Herz

wohlige Wärme breitet sich aus

Melodie der Herzen

Auf dem Klavier des Lebens
spielt jedes Herz seine eigene Melodie
verschiedene Taktfrequenzen
geben den Rhythmus vor.
Wenn sie dann zueinander finden
ertönt in den Seelenweiten
wohltuend und harmonisch
eine wunderbare Melodie
still und lauschet
es spielt
das Orchester der Herzen

Umarmung

Umarmung Umarmung

Im Gleichklang

der Herzen

ertönt es sanft

das kleine Glöcklein

Sympathie

Alle Sinne sind hellwach

spüren und empfinden

Liebe, Freude und Harmonie

Seelen berühren sich.

Herzenswärme

Ein weiches Herz,
so niemals bricht

Es lebt in ihm
die Zuversicht

Beziehungen

Sie

kamen ins

stolpern, die Beziehungen

zu den liebsten Menschen

einsam

Gebrochenes Herz

Es ist von Eisenketten umhüllt.

Erlebte schmerzhafte Erinnerungen
schlugen Furchen und Nägel hinein,
bis es verzweifelte am Leben, das
gebrochene Herz

Sturz

Starke

turbulente

Ursachen erschaffen

ruhige

Zeiten

Abschied

Sie

sind müde

streicheln nie mehr

ruhen nun für immer

Mutter`s Hände

Verstummt

Stimme des Herzens
verstummt
randvoll
vermummt

befreit sie sich
aus diesem Bann
bleibt sie stumm
wie lang?

Wird es ihr bald gelingen

das wieder Worte können erklingen

SeelenMüll ist abgetragen

folgen nun leichtere Tage?

Wünschen wir ihr

das im Konzert der Welt

diese Stimme nicht mehr fehlt

das Sprachrohr des Herzens

nie mehr

verstummt

Das Spiegelbild

Im Spiegel

meiner Seele

schaue ich

DICH

an und sehe

MICH

Mein kleines Paradies

In meinem kleinen Paradies
höre ich den Vögeln zu,
ihre Lieder streicheln meine Seele
hier finde ich meine innere Ruh

Ich fühle mich nun sehr verbunden
mit der Natur, die mich umgibt
die Blumen in ihrer Schönheit hier
verneigen sich vor mir
verwöhnen mich mit ihrem Duft
der nun durch meine Nase strömt

Mein kleines Paradies

In dieser Pracht, es ist gewiss
das Frühstück ich hier sehr genieß
den Kaffee, der frisch aufgebrüht
mit Brötchen, die sehr lecker schmecken
die meine Lebensgeister wecken

Ich bin sehr dankbar und auch froh
dass ich gesegnet bin im Leben
all das Schöne darf erleben

Mein kleines Paradies

mit Augen, die gut sehen können,

mit Ohren, die den Nächsten hören

die Nase, sie darf die Vielfalt der Düfte

erleben

der Mund, der lächelt, Freude verspürt

und weiter gibt ins Leben

die Hände dürfen sich regen, sie streicheln,

tasten, danken fürs gute Erleben

das Herz, weit offen es steht, fürs hören,

fühlen,

sehen, den Menschen Hoffnung geben

Gefunden

Im

Trubel des

täglichen Lebens

habe ich etwas

sehr Wichtiges

wieder gefunden

MICH

Brücken

Beziehungen dürfen wir
ruhig
überdenken, nicht
chaotisch reagieren, sondern
kreativ und konstruktiv handeln
einen neuen Weg finden, die
Nähe zu den Menschen leben

Liebe Nachbarn

Wärme steigt in meinem Herzen auf,

wenn ich durch mein Gärt`le lauf.

Seit an Seit mit meinen Lieben

der Nachbar winkt und grüßt von drüben.

Er lädt uns freundlich zu sich ein,

Miteinander trinken wir ein Gläschen Wein.

Die Moral von der Geschicht,

vergesst mir nur die Nachbarn nicht.

Die Bäume des Lebens

In Reih und Glied
so stehen sie
wie Perlen
an der Schnur

Die Bäume
die ein Jeder sieht

Die Früchte tragen
für uns Menschen nur

Sie sind für mich
die Edelsteine
der Natur

Lebenslauf

bunte

Blätter wirbeln

durch die Luft

fallen erschöpft nieder

wissen, ihr Leben ist gelebt

stärken sich am Miteinander

bringen neues Leben hervor

Jahreswünsche

Zuversicht an allen Tagen
soll durch das Jahr dich tragen

Harmonie gesellt sich dann dazu
Streit fällt weg, nun ist endlich Ruh

Die Liebe ist ein treuer Begleiter
macht unser Leben heiter

Gesundheit und Glück
sollst haben im Blick

Lachen ist Medizin im Leben
macht Herzen frei
ist für uns alle ein Segen

DIE ZEIT

sie nagt

an vielen Orten

Schmerzen erleben wir

in unserer Zeit

sie macht vergessen

was uns belastet

Erinnerungen fängt sie auf

bettet uns sanft

auf der Wiese der Vergänglichkeit

in dieser Zeit

sie heilt auch viele Wunden
ein Pflaster hält sie oft bereit
damit wir Freude, Liebe empfinden
im Laufe unserer Zeit

helfen und halten
wir stets zu ihr
so dass sie uns noch lange
freundlich gewogen bleibt
unsere Zeit

BEDANKEN möchte ich mich bei
allen Menschen
die mich bis zum heutigen Tag
begleitet und unterstützt haben.

DANKE für Eure Freundschaft,
Liebe und Verständnis.
Es ist schön, dass es Euch gibt.

Besonders **BEDANKEN**
möchte ich mich bei meinen
Mentoren **Marliese + Erwin, Klari,
Gabi Steiner** und dem gesamten Team.
DANKE, das Ihr immer an mich geglaubt
habt.